DU PRINCIPE

ÉLECTIF

ET DU

SERMENT POLITIQUE ;

PAR

*M. le V. de M. *** ,*

ANCIEN OFFICIER ET MAGISTRAT, ETC.

A BORDEAUX,

DE L'IMPRIMERIE DE TH. LAFARGUE, RUE DU
PUITS BAGNE-CAP, N.º 4.

1834.

AVERTISSEMENT.

Consulté sur le *Principe du Gouverne-ment actuel* et sur la question du *Serment politique*, j'avais jeté sur le papier quelques idées à ce sujet et sur les *Conséquences des événemens de Juillet* 1830, je les communiquai à des amis éclairés, à des Ecclésiastiques et Magistrats instruits et respectables à tous égards ; ils en approuvèrent les principes, et crurent que leur publicité pourrait être utile au bonheur de mon Pays, en engageant tous les Électeurs à se rendre aux Élections. Je n'ai pas hésité dès lors à les livrer au public, et à subir la critique à laquelle tout auteur est exposé lorsqu'il fait gémir la presse.

Cette esquisse est l'avant-coureur, ou pour mieux dire les premiers Chapitres « *Des Con-*

» sidérations politiques sûr les événemens de
» Juillet 1830 , avec leur rapprochement des
» circonstances qui ont amené en France
» les divers changemens de dynasties, de-
» puis la fondation de la Monarchie ».

Je publierai bientôt ce résultat de mes re-
cherches et observations , en ayant réuni à
peu près tous les documens.

DU

PRINCIPE ÉLECTIF

ET

DU SERMENT POLITIQUE.

ARTICLE PREMIER.

De nouvelles élections vont avoir lieu en vertu d'une Loi, fruit des événemens du 30 Juillet 1830. Dans un temps où le pays est en butte aux prétentions des opinions, et des intérêts divers, créés par tous les gouvernemens qui se sont succédés depuis 1789, la revendication d'un droit, inhérent à la qualité de citoyen et indépendant de la puissance, est un devoir.

Il n'est pas dans mes intentions de faire l'éloge de ces événemens ; je veux seulement en démontrer les vices et les conséquences.

Par une charte non octroyée par un roi, mais par un peuple (ou ceux qui se disaient ses mandataires, pour briser une dynastie, défaire et faire un Roi et une constitution), le pouvoir populaire est établi, la base, le principe, d'où émane désormais toute souveraineté en France : plus de droit divin, plus de droit de naissance, en un mot plus de légitimité. Louis-Philippe l'a reconnu dans le protocole de ses lois et ordonnances, notamment par celui de l'ordonnance du 28 Août 1830 et par la loi sur la presse.

C'est en vain que les Législateurs instituent une hérédité, puisqu'il a suffi d'une guerre, d'une émeute, pour renverser la monarchie de Napoléon, et celle de l'héritier de cinquante rois : et certes, M. de Chateaubriand a eu raison de dire que le Gouvernement actuel est électif, puisque malgré une hérédité de huit siècles, Louis XVI fut renversé du trône ; les pouvoirs qui succédèrent à la monarchie furent tous élus ; Napoléon lui-même tint à l'élection et ne s'en rapporta pas comme Louis-Philippe aux suffrages de quelques Députés : il voulut consulter toute la France ; il créa l'hérédité dans sa famille ; et l'on rappela les Bourbons ! Charles X succéda à son frère par droit d'hérédité ; il a été renversé ! Louis-Philippe a été élu par ceux qui se disaient les mandataires de la France, on a créé pour sa Famille une nouvelle légitimité, l'hérédité ; on a fait une révolution qui a ébranlé l'Europe, on a proscrit une hérédité de huit siècles, pour en créer une en perspective. Qui peut répondre qu'elle n'aura pas le sort des autres ! ! !

On dira toujours aux hommes devenus rois de fait, ce que l'on disait à Napoléon à Ste-Hélène, lorsqu'il prétendait conserver le titre d'empereur.

« Vos prétentions seraient bonnes pour un prince
» qui se croit souverain par le droit d'en haut :
» vous, une fois le canon encloué, et l'armée en
» fuite, votre droit a fini, etc. (1) ».

Tel est le fondement de la royauté élective :
Napoléon a laissé de si grands et de si brillans
souvenirs ; les sillons qu'avaient creusés les roues
de son char de victoire étaient profondément
empreintes dans presque toutes les capitales de
l'Europe ; on adulait tout ce qui pouvait le rap-
peler à des peuples pour qui son nom était un
talisman de gloire ; le manteau monarchique
était encore tout froissé du brutal attouchement
du soldat heureux et hardi, qui aurait osé, porté
sur les trophées de ses talens et de son courage,
saisir la pourpre légitime !

Eh bien ! son armée battue, les revers sans
diminuer sa gloire (2) amenèrent la chûte de ce
colosse qui fit frémir par cette secousse le sol eu-
ropéen.

L'instabilité est le caractère des gouvernemens é-
lectifs; les chefs d'un gouvernement d'élection et re-
présentation républicaine ou nationale, se font par

---

(1) Mémorial de Hudson-Lowe.

(2) Jamais Napoléon ne montra tant de talens militaires
que lorsque poussé jusqu'aux portes de Paris, il eut à combat-
tre toutes les puissances de l'Europe. (ROGNIAT, *Considéra-*
tions sur l'art de la guerre. Pages 349, 383.

la grâce du peuple au lieu de l'être par la grâce de Dieu et le droit de naissance : comparez les durées !

Ainsi le peuple est tout, c'est lui qui est souverain ; il a élu le chef de l'Etat auquel il a confié le gouvernement de sa personne et de ses biens.

Je ne dis pas que ce soit le meilleur moyen pour procurer le bonheur matériel dont a besoin la France, mais c'est ce qu'a fait la révolution de Juillet.

Les hommes du pouvoir du jour paraissent redouter maintenant l'instrument qui leur a servi à s'élever ; ils en font un tableau effrayant après en avoir fait un éloge emphatique ; ils diront peut-être aux hommes de bien, *Carlistes* et autres : « Craignez ce pouvoir destructeur, vous en » serez les premières victimes, et nous serons » obligés d'exposer nos vies pour faire respecter » vos personnes et vos propriétés ».

Cela peut être vrai : mais, pourquoi vous serviez-vous de ce moyen que vous honnissez maintenant ? pour saisir le pouvoir que vous ambitionniez, et que vous voudriez conserver pour l'exercer sur un lit de roses ; le bien public n'était qu'un prétexte, et votre ambition satisfaite, le but réel.

Vous trouvez mal aujourd'hui ce que vous divinisiez presque hier.

D'ailleurs, ce peuple pour lequel vous paraissiez en proie à toutes les sollicitudes, pour lequel on paraît faire des révolutions sans lui en laisser recueillir les fruits, avait plus de liberté, plus de pouvoir réel avant 1791, surtout dans les pays d'états, les assemblées provinciales, qu'aujourd'hui par le système ruineux et despotique de centralisation.

Vous avez établi le principe du pouvoir populaire, subissez-en les conséquences !

De ce principe découle nécessairement la conséquence, que si le Roi élu a la nomination des emplois, il ne doit exercer cette délégation que lui a donné le peuple, que sur des sujets qui lui sont présentés par lui ; conséquence, applicable non - seulement à l'administration municipale , mais à toutes les branches des administrations civiles, militaires, judiciaires, etc.

Les fonctions ecclésiastiques doivent être elles-mêmes soumises à ces élections. Exercées avec certaines altérations jusqu'au Concile de Latran (1139), elles furent régularisées par ce Concile (3), puis altérées de nouveau jusques sous Charles VII, qu'elles furent réinstituées par la pragmatique sanction pour être enfin détruites sous François I.er

Ce principe d'élection a dû revivre non en partie comme on l'a fait par les lois municipale, électorale et de la garde nationale, mais en entier d'après les articles 1, 2, 3, de la Charte de 1830.

----

(3) Hist. Eccl. de Fleury.

« Art. 1.er *Les Français sont égaux devant la loi, quels que soient d'ailleurs leurs titres et leurs rangs.*

2. *Ils contribuent indistinctement, dans la proportion de leur fortune, aux charges de l'Etat.*

3. *Ils sont tous également admissibles aux emplois civils et militaires.*

Combien cependant ce principe a été froissé par les trois lois citées.

La capacité de l'homme, son âge, la qualité de citoyen sont tarifés comme une marchandise exotique ou nationale, à laquelle moyennant le payement du droit, on permet l'entrée ou la sortie du Royaume.

La capacité est de tous les rangs, de toutes les positions sociales ; le *cimetière de campagne* de Thomas Gray viendrait à l'appui de mon raisonnement, si nous n'avions eu une preuve vivante de la haute intelligence et du bon sens d'un député pris dans la classe des laboureurs, dans la personne de Gérard, dit le père Gérard, député aux États-Généraux par le tiers-état de la sénéchaussée de Rennes (4).

Ainsi tout français, majeur de 21 ans, jouissant de ses droits civils et payant un impôt foncier quelconque, devrait être apte à élire ou à être élu.

---

(4) Voyez ce mot dans l'histoire du tems et dans la Biographie moderne.

On exclut la propriété, pour faire place à l'industrie, on délaisse l'agriculture pour honorer
la finance : Pourquoi? le Ch.^{er} de Jaucourt a
fait la réponse dans l'encyclopédie au mot honneur.

« La société se corrompt de jour en jour : on y
» a d'abord excité l'industrie et même la cupi-
» dité parce que l'État avait besoin de citoyens
» opulens. Mais l'opulence conduit aux emplois,
» et la vénalité s'introduit alors. Les richesses sont
» trop honorées..... il faut du singulier, les arts se
» dégradent, le frivole se répand, l'agréable est
» honoré, plus que le beau, l'utile et l'honnête.

» L'honneur du préjugé est éteint; et cet hon-
» neur qui soutenait la vigueur de la nation ne
» règne pas plus dans les secondes et dernières
» classes que le parfait honneur dans la première ».

Au nombre des motifs qui ont pu porter le gouvernement à présenter ces catégories dans les
lois, citées, conséquentes avec le gouvernement
antérieur à 1789 et non avec le pouvoir populaire; je crois trouver, la crainte de l'influence
de la grande propriété sur l'habitant des campa-
gnes, que l'on a remplacé par l'influence de la
grande finance sur la petite et sur les ouvriers.
Machines ambulantes destinées aux mouvemens
populaires dans les villes, surtout à Paris, livrées
au caprice despotique des financiers et manufac-

turiers ; ce sont les *maillotins* ou les Jacques de notre époque (5).

On sait tout le bien, tout le goût de l'ordre et du travail qu'inspire le grand propriétaire lorsqu'il habite sur ses propriétés ; c'est alors et non dans les villes où il consomme ses revenus les plus nets, qu'il exerce une heureuse influence sur les mœurs de la population : la grande propriété serait semblable à cette aristocratie anglaise en arrière de la chambre des pairs, et telle que divers publicistes la voudraient en France.

L'industrie y perdrait de son influence, elle seule est favorisée ; et l'État et le peuple ne s'en trouvent pas mieux, ceux-ci servent de jouet à ses caprices et à son ambition, ils en sont en résultat toujours les victimes.

L'exclusion de la petite propriété est une de ces proscriptions morales de notre époque. Car si la Charte déclare que tous les hommes sont égaux devant la loi, qu'ils contribuent tous aux charges de l'État, qu'ils seront admissibles à tous les emplois, pourquoi par des lois subséquentes créer des catégories ? C'est détruire le bienfait de la constitution.

Après avoir démontré que l'égalité établie par la Charte n'était qu'un vain mot, qu'elle était

---

(5) Voy. hist. de France de Millot, règne de Charles VI, et au mot *Aubriot* Biogr. univ.

détruite par le pouvoir qui tenait sa puissance du
peuple , au préjudice de ce peuple , que la fable
de l'homme et du cheval (6) avait été réalisée depuis le 7 Août; je veux démontrer combien la
loi électorale a violé , quant au serment , le principe fondamental du gouvernement actuel (la
souveraineté de la nation) cette tâche est délicate
et difficile , je le sais : c'est un motif pour recla-
mer l'indulgence du lecteur.

ARTICLE IIme

« Comme chacun peut se tromper aisément et
» succomber même à la tentation d'agir contre
» son devoir , surtout lorsqu'il se voit dans un poste
» aussi élevé que celui des princes où l'on a tant
» de moyens de satisfaire impunément ses pas-
» sions , plusieurs peuples ont jugé à propos de
» mettre certaines bornes à la manière d'exercer
» l'autorité souveraine.

» Cette limitation du pouvoir souverain con-
» siste en ce que le peuple pour empêcher plus
» efficacement que le Roi ne prît des mesures désa-
» vantageuses à l'État , a stipulé de lui en l'élevant
» au trône , qu'il se conformerait à certaines règles
» ou lois fondamentales dans l'exercice des parties
» de la souveraineté ». (Puffend.— *Des devoirs
de l'homme et du citoyen*).

---

(6) Lafontaine.

La Charte de 1830 faite par des hommes qui ont placé le Duc d'Orléans sur le trône de son cousin, a exigé de lui un serment ; elle a confié sa conservation au patriotisme et au courage de tous les Français, etc., etc. Voilà un traité bien caractérisé entre un peuple (ou ceux qui se sont dits ses mandataires) et le prince qu'il a fait Roi : l'obligation de celui-ci est définie par l'art. 65 de la Charte ; le serment de fidélité y est énoncé.

Le devoir du peuple envers le chef qu'il s'est choisi, est défini par les art. 2, 12, 34, 45, 66, 67. On y trouve des obligations, mais non un serment de fidélité, elles doivent être remplies mais la loi fondamentale n'exige point l'accessoire de la promesse, le serment.

Si on n'y trouve point le serment de fidélité, la raison en est simple.

Le peuple en déléguant à Louis-Philippe la souveraineté, qui était le droit naturel de ce même peuple, lui donnait beaucoup ; ce n'était pas au peuple à prêter serment, puisque c'était lui qui gratifiait ; c'était au contraire à celui qui recevait cette délégation du pouvoir à s'engager par serment à exécuter la constitution fondamentale, à garantir l'exécution de tous les autres articles de la Charte envers le peuple qu'il est appelé à gouverner.

Aucun serment n'est exigé du peuple donateur de la puissance ; il promet, il doit obéissance, respect au chef de l'État, et veiller à ce qu'il observe les lois. Art. 66 de la Charte. L'art. 5 accorde à chacun une égale liberté pour l'exercice de son culte et la profession de la religion ! ! et celui de la conscience éprouverait des entraves, des violences par l'exigence du serment de fidélité en matière électorale ? contradiction formelle avec la Charte.

Cependant, on exige, en vertu d'une loi (destruction du droit naturel, et du pacte fondamental) qui semble se rattacher au système du Gouvernement déchu, système prohibé par la révolution de Juillet, que l'électeur, pour exercer un droit qu'il tient du traité fait en son nom par ses soi-disant mandataires (art. 1, 2, 3 de la Charte) et le Chef de l'Etat, de sa position sociale, de son âge, de sa fortune, on exige dis-je, un serment de fidélité, alors que la loi fondamentale n'en fait nullement mention.

« Deux choses rendent l'homme susceptible
» d'obligation, l'une est, qu'il a une volonté ca-
» pable de se tourner vers différents côtés, et par
» conséquent de se conformer à quelques règles ;
» l'autre est qu'il dépend d'un supérieur, et dans
» ce dernier cas, il ne faut plus parler d'action
» libre ; dès lors, pour être susceptible d'obliga-
» tion, il faut relever d'un supérieur.

« Celui qui pose l'obligation est le supérieur,
» c'est-à-dire un être qui a, non seulement des

» forces suffisantes pour faire valoir l'obligation
» qu'il impose pour infliger un mal aux contre-
» venans, et gêne comme il le juge à propos,
» mais non sans de justes raisons, la liberté de
» ceux qui dépendent de lui » (Puffendorf, ou-
vrage cité).

D'après notre constitution, le peuple est le souverain, c'est-à-dire le supérieur qui a élu un Roi,
il a imposé le serment d'être fidèle à la Charte et
aux Lois ; il a les forces suffisantes pour faire valoir cette obligation sacramentelle ; l'histoire en
offre assez de preuves ! Mais il s'est imposé l'obligation d'obéir, de respecter et non de jurer d'être
fidèle : il est libre dans sa volonté.

Qu'on ne dise pas que Louis-Philippe n'eût pas
accepté la couronne sans la condition de ce serment de la part de ceux qui la lui décernaient et
du peuple qu'il s'est chargé de gouverner ; l'histoire
prouve le contraire, l'avenir nous apprendra da-
vantage !! Des considérations puissantes m'empê-
chent d'expliquer toute ma pensée à cet égard,
mais les rois trouvent trop de facilité à augmenter
leur pouvoir pour ne pas souscrire dès le principe
de leur avénement à toutes les conditions, sauf
la révision.

Mais l'homme en place, qui s'est fait un état de
son emploi, est subordonné au chef de l'Etat, son
supérieur ; il n'est plus libre dans sa volonté, car

s'il ne veut point se conformer à l'obligation qu'on lui impose, il quitte des fonctions auxquelles il avait voué les études de toute sa vie ; il est donc contraint, forcé, ou de faire taire sa répugnance, ou de perdre son emploi : donc, nouvelle violence ou proscription morale, et ce qui a porté plusieurs à le prêter, est cette explication donnée par l'organe du Gouvernement, le Moniteur du 10 Août 1830, « que le serment était pour le » fonctionnaire public, l'engagement de consa- » crer au bien de son pays, l'autorité dont il est » revêtu ».

Il n'y est nullement question de fidélité à la personne du chef de l'Etat. Sans cette explication officielle, beaucoup ne l'auraient peut-être pas prêté.

On doit faire observer qu'un sentiment de bien public a dirigé plusieurs fonctionnaires (car on ne leur supposera pas toujours une ambition exclusive); les malheurs de la première révolution de France étaient présens à leur pensée, ils ont cru qu'ils pouvaient faire le bien même en temps de révolution, et l'on remarquera que les pays où des anciens fonctionnaires ont été maintenus n'ont connu aucun des malheurs qui ont pesé sur l'inviolabilité des domiciles et des personnes, sur les croyances religieuses et les objets augustes de la vénération des chrétiens.

Et l'on doit répondre à l'avance à l'objection

que l'on pourrait fonder sur l'art. 34 de la Charte, que, par des lois subséquentes, on peut assujettir le Français citoyen et électeur d'après la Loi des catégories électorales ; au serment, comme une des conditions déterminées par la loi :

Que pas plus la loi transitoire que la loi définitive de 1831 ne peuvent obliger l'électeur, au préalable du serment de fidélité pour voter, parce que le principe du Gouvernement qui ferait qu'on pourrait exiger cette formule, n'existe plus, et qu'il ne peut découler du principe sur lequel repose la Charte de 1830, aucune obligation de fidélité de la part de celui qui confère le pouvoir à celui à qui il est confié ; ce serait une anomlie manifeste, qui détruirait tout pouvoir que la nature et le simple bon sens confère aux masses sur les individus. Pouvoir dangereux, j'en conviens, mais que l'on a adopté croyant trouver pour le pays un *el dorado*.

Mais en droit naturel, quel est l'effet de la loi ?

C'est l'obligation à l'obéissance, au respect, et non à la fidélité ; je m'explique, l'obéissance est due au pouvoir de fait tant qu'il existe, et cela comme une nécessité d'ordre public et exigée par une force supérieure ; mais une fois qu'il a cessé d'exister, on n'est plus obligé de lui obéir ni de lui être fidèle. C'est ainsi que Saint-Pierre enseignait : « Vous devez obéissance au roi comme » souverain, aux gouverneurs comme envoyés

» de sa part ». (Hist. Ecclésiastique tom. 6 pag.
430—431).

Pour que la loi puisse produire l'obligation
d'être fidèle, il faut non seulement qu'elle soit
possible et utile dans son exécution après avoir
été connue, et conforme au droit naturel. Or,
une fois connue par la promulgation, elle exige
l'obéissance, et non la fidélité au chef de l'état ; la
fidélité n'est ni possible ni utile, d'après la charte
de 1830.

Possible ? Parce qu'elle est en contradiction
avec le droit naturel de citoyen.

Utile ? Parce que l'obéissance au chef de l'État
est la seule chose utile à un gouvernement électif
et au maintien de l'ordre public. (Burlamaqui,
page 14 et 15 droit naturel).

On fera peut-être une nouvelle objection puisée
dans ce principe établi par Puffendorf *Droit* de
la nature et des gens, liv. 7, ch. 7.

« Tout gouvernement légitime est fondé sur un
» consentement des sujets ; mais ce consentement
» se donne de différentes manières. Quelquefois
» un peuple est contraint par la force des armes
» de se soumettre à la domination du vainqueur.
» Quelquefois aussi, le peuple, de son pur mou-
» vement offre à quelqu'un l'autorité souveraine,
» et la lui confère avec une entière liberté.

» Mais ce consentement du peuple est entière-
» ment libre dans l'élection, c'est-à-dire, lorsque

» un peuple ou naissant ou déjà formé, nomme
» une certaine personne qu'il juge capable du
» gouvernement. Après quoi, sitôt que cette per-
» sonne l'a informée de la délibération du peuple,
» a accepté l'offre, lui confère actuellement le
» pouvoir souverain, et lui prête serment de *fidé-*
» *lité* ».

Or, dans l'établissement du gouvernement actuel, le consentement des sujets a-t-il été libre ?
A-t-il été donné par le peuple de son pur mouvement ? Car je ne parle point de l'autre hypothèse
puisque si le *vainqueur* de Juillet avait eu la domination, Louis-Philippe ne serait pas sur le trône.

Il est facile de répondre.

Le peuple Français n'a pas été consulté, il n'a
pu donner son consentement de son pur mouvement et avec une pleine et entière liberté. Louis-
Philippe a-t-il été élu par un mouvement spontané de toute la France ? Consultez les popula-
tions de l'Ouest et du Midi et des autres parties
de la France ; on vous répondra que par une dé-
sastreuse habitude ou plutôt une servilité de la
province envers la capitale, servilité qu'on ne
voit point aux temps les plus désastreux de la
monarchie avant Louis XVI (7) ; de cette capitale qui, nouvelle sangsue, absorbe les revenus

---

(7) Voyez les règnes de Jean I.er Charles V., Charles VII,
François I.er, Henri III, Henri IV.

les plus nets de la province, on a obéi aux ordres indiqués par un drapeau placé sur les voitures publiques et parti de cette capitale.

A Paris même, quelques députés du règne de Charles X, qui certes n'avaient comme l'a dit M. de Cormenin, aucun mandat pour défaire ni faire un Roi et une constitution, ont seuls élevé Louis-Philippe sur leur pavois.

Ainsi ce consentement n'a été ni demandé ni donné spontanément. Craignait-on un refus en le demandant? Je ne sais : le vainqueur des Pyramides, de Marengo et du Kremlin, ne craignit pas de le demander deux fois !!! Peut-être que ce recensement ne fut pas exact, mais c'était remplir une formalité et rendre hommage à l'opinion. Mais ce qui fait supposer qu'on le craignait ce refus, c'est que la majorité de ceux qui combattaient en Juillet, ne voulaient point ce qui est arrivé, ni les Bonapartistes ni les Royalistes, ni ceux qui voulaient le programme de l'Hôtel-de-Ville, ni les peuples de l'Ouest ni ceux du Midi !!! Dès lors, où trouvera-t-on ce consentement unanime, cette liberté qui l'aurait dicté et qui en est l'essence?

Donc, si les Français n'ont point de leur pur mouvement, et par un mouvement général, spontané, choisi Louis-Philippe pour leur Roi; si pour monter sur le trône, Louis-Philippe dont je ne veux ni pénétrer ni critiquer les intentions, n'a pas réclamé leur consentement comme fit Bonaparté; si leur consentement n'a pas été libre, il ne se trouve point dans le cas d'avoir droit d'exiger le serment de fidélité. Car sérieusement parlant, on ne peut considérer comme le peuple français, ou ses représentans, quarante députés, que le hasard fesait trouver à Paris dans ce moment, et dont aucun n'était éloigné des provinces de la capitale.

Une comparaison oiseuse peut-être, me suffira pour démontrer l'absurdité de ce système d'exigence de la part du gouvernement.

Le chef de l'Etat nomme d'après la Charte à tous les emplois (art. 13) soit gratuits, soit salariés; il transmet par là une partie des pouvoirs qu'il tient de la puissance populaire, qu'il ne pourrait exercer sans aides de divers degrés pour arriver aux dernières classes des citoyens (8). Il s'est obligé par serment en acceptant le pouvoir que lui a déféré le peuple, de faire exécuter fidèlement la Charte et les lois; il doit exiger ce serment de ceux auxquels il transmet une partie de sa souveraineté; c'est un droit qui lui sert de garantie vis-à-vis son donateur ou mandant de puissance. « Et après leur avoir confié ces em-
» plois, il peut et doit même les contraindre à
» bien s'en acquitter pour le bien de l'Etat, et
» leur faire rendre un compte exact de leur ad-

---

(8) Henrion de Pansay.—*Du pouvoir judiciaire en France.*

» ministration ». (Puffendorf.— *Des devoirs de l'homme et du citoyen*).

Ceux que le Chef de l'Etat nomme à ces emplois doivent donc le serment dans le sens pris par le Moniteur, mais que dirait-on si ces employés exigeaient du chef dont ils tiennent leur emploi le serment de fidélité envers eux? On trouverait cette exigence ridicule de la part du délégué vis-à-vis celui qui délègue et qui ne doit que protection, et l'on aurait raison. Or, exiger de l'électeur qui tient son droit de sa fortune, souvent l'effet du hasard, de son âge (majorité établie par le code civil); de sa qualité de citoyen, de membre de la puissance qui a placé la souveraineté sur la tête du roi qu'il se serait choisi, c'est une contradiction avec la Charte, qu'elle émane d'une ordonnance ou d'une loi, c'est éluder ou rompre le contrat syllanagmatique établi par la Charte de 1830.

En exigeant le serment de fidélité, etc. , pour les lois électorales, etc. , ne semblerait-il pas qu'on est encore sous l'empire de la féodalité; que le siècle où les hommages, *ordinaire* , *lige* et *plane* étaient exigés, reparaît portant pour frontispice , les noms de *Liberté* et *Égalité* , comme les prisons de notre première révolution.

Car, le serment de fidélité remonte à cette époque, où l'homme soit par faiblesse ou besoin, soit parce qu'il était mal instruit sur sa dignité, s'attachait par un servage auquel néanmoins semblait n'être pas étranger l'honneur, mobile puissant de la Nation française, à son seigneur dont la puissance dérivait, soit de l'institution contractuelle des Romains, soit du fief militaire établi sous la première race de nos Rois : il s'obligeait de l'accompagner à la guerre, etc. Sa personne, ses biens relevaient de son suzerain. Il lui prêtait *foi* et *hommage*, qu'à son tour ce seigneur rendait ou refusait au chef de l'état, selon qu'il était plus ou moins puissant.

Le *Journal des Débats* a dit à l'occasion du serment :

« En France, le Roi ne veut que ce que veut
» la loi, et c'est pour cela qu'on lui a juré fidelité,
» non à titre d'honneur, mais comme représentant
» de la loi, si bien que quand il sort de la loi, il est
» délié de son serment ; vouloir donc que le décoré
» de Juillet prête serment au Roi, c'est vouloir
» qu'il le prête à la loi, et non pas qu'il s'engage
» à œuvre servile ; ici qu'il reconnaisse un droit
» de suzeraineté sur lui, c'est le placer dans la con-
» dition du vieux soldat, qui après trente ans de
» dévouement reçoit la croix d'honneur, à condi-
» tion de jurer fidélité au Roi et à la loi : y a-t-il
» vassalité ? y a-t-il suzeraineté du Roi sur le sol-
» dat ? sujétion féodale du soldat envers le Roi ?

Voici ma réponse.

Si l'on croyait à la volonté des rois , certes elle serait bien souvent plus favorable à l'augmentation de leur puissance qu'à ceux de la loi ; ainsi prétendre que cette volonté est la même , c'est une fiction employée par la législation pour dire ou faire croire que le Roi ne peut mal faire. Déjà cette fiction existait avant Juillet 1830 ; on empêchait même que le nom du Roi ne fut prononcé dans les débats parlementaires. Aux Ministres seuls est déférée la responsabilité.

Maintenant je le demande , qu'a produit cette fiction ? Charles X n'en a-t-il pas moins été renversé, expulsé du royaume malgré que la royauté fut inviolable et sacrée , et malgré la punition de ses Ministres seuls légalement responsables : l'arrêt de la Cour des Pairs qui les condamne semble confirmer ces principes si bien developpés par la logique forte et mélodieuse de M. de Martignac.

Cette fiction n'est donc rien , dès qu'une émeute, une proposition digne de celles qu'Antoine fit à Auguste dans l'île de Reno , la détruit (9) ; c'est de la réalité qu'il faut à un Gouvernement, comme c'est le bonheur matériel qu'il faut aux peuples.

Si le Roi est le représentant de la loi , il est responsable, et cependant aux termes de l'art. 12 de

---

(9). V. Hist. Rom. de Rollin , tome 15 page 71.

la Charte ce sont ses Ministres : il ne la représente donc pas, il ne fait que la faire exécuter.

« On est délié de ses sermens, quand il sort de la loi », dit aussi le même Journal. Quoi? le Roi ne peut mal faire, sa personne est inviolable et sacrée, les ministres seuls sont responsables ; et cependant, si le Roi sort de la loi, on est délié de ses sermens ! tandis que d'après la fiction de la loi, ce sont les Ministres qui sont sortis de la loi et non pas le Roi, réduit sous le Gouvernement représentatif au rôle des Rois fainéans de la première race et les Ministres à celui des maires du Palais. Le raisonnement du *Journal des débats* serait judicieux, si l'on admettait comme le voudrait l'auteur de l'histoire du Bas-Empire que les Rois fussent responsables du mauvais choix qu'ils font de leurs Ministres (10).

Si l'on voulait que le Roi et la loi ne fussent qu'un, pourquoi distinguerait-on dans le serment la fidélité au Roi de l'obéissance à la loi ? ainsi par rapport à l'électeur homme libre et sans fonctions exiger le serment de fidélité et exercer un devoir de suzeraineté, de servilité, d'hommage féodal qui n'est plus dans nos lois ni dans nos mœurs.

Aujourd'hui, tout Français est libre dans sa

____

(10). V. tome 16 hist. du Bas-Empire page 478 règne de Michel IV.

personne et dans ses biens (du moins d'après la loi), il est admissible à tous les emplois, pourquoi ne lui laiserait-on pas sa liberté de conscience sous le rapport du serment ?

S'il accepte des fonctions publiques, il se lie, il s'oblige à bien et fidèlement les remplir. S'il n'en accepte point, il n'est assujetti qu'au respect et à l'obéissance aux lois du Souverain, principe éminemment conservateur de l'ordre social.

La loi qui obligerait à un serment de fidélité un Français libre, serait une des premières brèches faites à la Charte.

Le serment de fidélité présente des inconvéniens sans présenter d'avantages, surtout en révolution, c'est qu'il lie peu et qu'on y compte peu puisque à chaque élection on l'exige de nouveau du même électeur, à cause de la mobilité des événemens ; il peut être envisagé en l'exigeant, comme un moyen de proscription morale, vis-à-vis des électeurs mus par ces idées respectables de fidélité, parce qu'ils y croient leur conscience, leur honneur engagé. L'exigence du serment est provoquer la guerre civile.

La saine Religion, le droit public enseignent à obéir à celui en qui réside la puissance sur la terre, mais des affections, des intérêts et la conscience établissent des dissidences.

Du reste, c'est toujours un grand mal que se fait le gouvernement du jour, en exigeant ce serment. Quarante ans de révolutions et d'expériences doivent faire voir combien peu on doit y compter.

Beaucoup de fonctionnaires n'ont agi, que parce qu'ils sont pénétrés du principe religieux déjà rappelé, ou que parce que s'étant fait une profession des emplois publics et y ayant sacrifié à l'éducation nécessaire à les remplir, tout ou partie de leur patrimoine, et dès lors mus par le besoin de conserver leur place, ont prêté serment sans peut-être changer d'opinion.

Mais ce serment des fonctionnaires a-t-il été libre ? n'a-t-il pas été l'effet de la contrainte, puisqu'il est demandé par un supérieur vis-à-vis son inférieur, en faisant craindre à celui-ci la perte de la carrière à laquelle il s'est voué ?

Ce serment exigé des électeurs, qui ne le prêteront, que par amour pour le pays, par la crainte de le voir livré à l'anarchie, n'est-il pas l'effet d'une contrainte injuste ? Il n'est point valide ce serment ! il n'a point été prêté librement, et l'on ne saurait imputer le serment à quelqu'un qui n'est pas son libre arbitre.

D'ailleurs, ne faut-il point que pour qu'un serment soit valide, il se termine à la divinité, ce qui n'est point aujourd'hui dès que la puissance royale par droit divin est méconnue ! « en un » mot (dit Burlamaqui), il est de principe que » pour qu'un serment soit valide, il faut qu'il soit

» prêté librement non par une contrainte injuste ;
» il faut qu'il se rapporte à la divinité ». (*Droit
naturel*, pag. 122, 125).

En effet, en abolissant la souveraineté de droit
divin, en ne reconnaissant que la souveraineté de
la matière, on détruit l'essence du serment dès
qu'on ne jure plus par celui dont la toute-puis-
sance, la toute connaissance et une parfaite justice sont les attributs ; il n'y a plus de serment
dès qu'il ne se rapporte pas à la divinité qui est
immuable, impérissable. (id 123).

Si l'on fait bien attention à la nature et à la dé-
finition des serments politiques, on reconnaîtra
la justesse de cette explication donnée par le Moniteur du 10 Août 1830, rapportée plus haut
« qu'il ne produit point de nouvelle obligation
» propre et particulière » (12). Ainsi le fonctionnaire d'honneur en place qui a prêté serment,
a pu ne vouloir s'engager : le magistrat qu'à continuer de rendre une bonne, ferme et impartiale
justice ; l'administrateur, à bien administrer toujours pour le bien de l'État ; le militaire, pour
le maintien de la paix intérieure, la défense du
territoire, une bonne et exacte discipline ; le cler-
gé, à continuer à prêcher l'union et la concorde
parmi ses ouailles et répandre la parole divine
au sein des peuples, etc. Ce n'est encore qu'une

---

(12) Burlamaqui.

formule caractéristique de la fonction à laquelle on est appelé, dont elle est pour ainsi dire, la date certaine.

Ainsi, la clause de fidélité insérée dans la formule du nouveau serment est insolite, elle est contraire aux principes de la loi fondamentale de l'Etat.

D'un autre côté « tout serment, par lequel on » s'engage à quelque chose d'illicite, c'est-à-dire » défendu, par quelque loi divine ou humaine » est nul de lui-même, car quoi de plus absurde » de dire que l'on se soumet à la vengeance de » Dieu, en cas que l'on ne fasse pas une chose que » Dieu lui-même a défendu sous quelque pei- ne ». (Burlamaqui, p. 126)

Appliquant ces principes à la Loi Electorale, il est certain, que le serment que l'on exige depuis Juillet dernier, paraît devoir être nul.

La puissance souveraine s'exerçait avant la révolution, par droit divin et de naissance, principe d'ordre et de morale ; Dieu avait été pris à témoin de l'obéissance, de la fidélité ; du respect qui était promis à cette souveraineté ; la loi civile en vertu de laquelle les descendans de Hugues Capet étaient sur le trône, avait déterminé l'ordre de succession; le droit public existant alors, défendait d'être fidèle à d'autres qu'à ses descendans en ligne directe tant qu'elle durerait (13).

Aujourd'hui une loi civile, votée au milieu du chaos, règle il est vrai, l'ordre de succession au trône, mais ce n'est point la Charte pacte fondamental, et elle ne prescrit point le serment de fidélité, et par une abhération singulière, on ne reconnaît plus le droit divin duquel tout émane cependant, et l'on ne peut jurer que par le nom de Dieu : le serment n'était pas licite !!

Et le serment prêté, ne fut-il pas l'effet de la contrainte morale exercée sur celui qui l'a prêté, serait nul comme n'ayant pas de base licite.

En outre, le serment exigé dans des circonstances extraordinaires n'exclut pas les conditions, les restrictions tacites. (Burl. 127) : le renversement d'un trône et d'une Monarche de huit siècles, dont le testament fut une conquête (14) tentée jadis inutilement par les autres Puissances de l'Europe, ne sont pas des circonstances ordinaires ! !

L'exigence du serment dans les circonstances actuelles, est une tactique pour intimider des consciences faibles ou timorées (id. 130).

---

(13). Les six premiers Rois Capétiens firent sacrer de leur vivant leurs fils aînés. Cet ordre de succession devint dès lors la loi fondamentale de l'Etat. *Hist. de France Millot* page 118, *règne de Robert.*

(14) Alger.

Ces divers motifs ont sans doute déterminé diverses personnes à prêter le serment, persuadées qu'elles ne s'engageaient à rien.

Une proposition de Loi qui a étonné la France et l'Europe, frémissant encore au souvenir de nos saturnales et du supplice du Roi martyr, est venu rendre plus restrictifs, plus avares du serment d'électeur, les personnes attachées par devoir et par affection à la branche aînée des Bourbons, gémissant sur une terre étrangère des malheurs de la patrie ; (je veux parler de la *proposition Baude*, non encore Loi, et dont la discussion a mis de nouveau, en évidence les deux plus beaux talents de la Chambre des Pairs).

Plusieurs en prêtant serment, étaient loin de penser à concourir à l'expulsion perpétuelle de la branche aînée de cette dynastie malheureuse, ils entendaient remplir une formalité nécessaire au bien du pays, telle que l'avait expliquée le Moniteur du 10 Août 1830.

La Charte était muette à ce sujet ; on l'a reconnu, puisqu'on a voulu une Loi qui y obviât ; ainsi de lois en lois on pouvait détruire, altérer un à un les divers articles de la Charte qui ne serait plus le palladium des libertés publiques. Ce motif pourra éloigner du serment beaucoup d'électeurs.

Mais si nous jettons les yeux sur les écrits du publiciste déjà cité, nous voyons que, « l'on est

» dispensé de tenir son serment lorsqu'on a ma-
» nifestement supposé un fait qui ne se trouve pas
» tel qu'on l'a cru » (Puf. page 180).

En résumé le Gouvernement 1.° n'a pu, sans contrevenir à la Charte (art. 1, 2 et 3) et aux art. 7 et 488 du code civil, créer des catégories d'âge, de fortune dans les lois municipale, de la Garde Nationale et électorale; 2.° exiger le serment de fidélité de l'électeur.

Après avoir développé mon opinion sur le serment, et le principe du Gouvernement actuel, je devrais m'arrêter, mais je dois aborder une question bien grave, aujourd'hui surtout que l'avenir de notre Patrie est dans le résultat de la lutte électorale qui va s'engager. La fable du loup et de l'agneau (15) se réalise, et se réalisera toujours..... .... L'absence des électeurs qui croient ne devoir point prêter serment pourrait être nuisible à l'ordre social, aux personnes aux propriétés, à la Religion !!!

Je ne chercherai point à ébranler une conviction toute de conscience ou plutôt de répugnance, à les engager à abandonner la cause du malheur; car je partage leurs sentimens !

---

(15). Lafontaine sera toujours pour moi le meilleur publiciste.

Condé demandait où le grand Corneille avait appris l'art de la guerre. Ne pourrait-on pas demander où Lafontaine aurait appris la politique.

Mais je crois d'après les principes cités , la constitution de l'État et la base actuelle sur laquelle a
été établie une royauté nouvelle , que les électeurs
de toutes les opinions doivent se présenter pour
voter. Ceux que l'on qualifie de carlistes ou les
royalistes ne doivent point se cacher, ce n'est pas
en se retirant qu'on se défend, c'est en paraissant ;
il y va du bonheur du pays , de la sûreté de tous ;
qu'un zèle intempestif ou un ilotisme politique
pourrait compromettre. Le dévouement honora-
ble de Norfolck et de l'émigration, n'amenèrent
que des catastrophes. Il faut qu'à l'exemple de
ceux qui les traitent en vaincus , ils forment une
masse compacte, qu'ils portent un des leurs pour
candidat même sans espoir de le voir élu , ne fût-ce
que pour faire voir à la France et à l'Europe , quel-
le est encore leur force ; et graduellement par de
fréquentes élections, on obtiendra une majorité
représentative qui détournera de la patrie , les
maux qui sont prêts à fondre sur elle, et dont l'é-
clair précurseur s'est déjà montré.

Que les Électeurs pour se convaincre de la nécessité de se rendre aux élections, promènent avec
angoisse leurs regards sur toutes les législatures qui
se sont succédées depuis 1789 , et les reposent sur
celle de 1814 !!

FIN.